LETTRE

AUX MEMBRES DE LA COMMISSION D'ENQUÊTE

SUR

LE TRAVAIL AGRICOLE ET INDUSTRIEL

DANS LE DEPARTEMENT DES HAUTES-ALPES,

Par le citoyen CLÉMENT.

Serait-il sage de croire qu'un mouvement social qui vient de si loin pourra être suspendu par les efforts d'une génération? pense-t-on qu'après avoir détruit la féodalité et vaincu les rois, la démocratie reculera devant les bourgeois et les riches? s'arrêtera-t-elle maintenant qu'elle est devenue si forte et ses adversaires si faibles. (TOCQUEVILLE).

PARIS,

IMPRIMERIE DE A. LACOUR,

Rue St-Hyacinthe-St-Michel, 33, et rue Neuve-Soufflot, 11.

1848

Pour quiconque réfléchit sur les évolutions de l'humanité,
il est évident que l'heure est venue de donner au travail son
droit de cité, il le demande aujourd'hui comme le commerce
demandait le sien avant 1789. Les sociétés anciennes, constituées sur le droit du plus fort, se sont dissoutes à la voix
des philosophes ; les sociétés modernes, constituées sur le
droit du plus riche, vont bientôt se transformer à la voix des
socialistes qui sont les architectes de la philosophie. Et pour
cela il ne faudra ni lutte violente, ni guerre civile, ni écha-
faud ; grâce aux lumières de l'esprit humain tous les hommes
riches et pauvres comprennent en ce moment que rien n'est
possible sans la conciliation. Les riches savent bien que leurs
capitaux ne sont pas l'unique fruit de leur travail et de leur
intelligence ; il reconnaissent dans le fond de leur âme qu'ils
ont bénéficié sur le travail et l'intelligence d'autrui ; les pauvres, de leur côté, ont la conviction intime qu'il serait inique
de rendre chaque homme, en particulier, responsable des
mauvaises institutions ; ils avouent en leur âme et conscience
qu'ils auraient eux-mêmes profité des avantages du capital,
s'ils avaient eu le capital. L'expérience a même démontré
qu'il n'y avait pas d'hommes plus ardents à exploiter le privilége du capital que le prolétaire récemment devenu capitaliste, comme on disait dans l'antiquité qu'il n'y avait pas
de plus mauvais maître qu'un esclave affranchi. Les lumières,
la raison, la bonne volonté, sont des deux côtés, l'esprit de

sacrifice, de patience et de conciliation est dans la masse ; il est dans le cœur du capitaliste comme dans celui du producteur, dans celui du détenteur du sol, comme dans celui du prolétaire. Cela est si vrai que toutes les mesures provoquant une spoliation violente ont été réprouvées également par la masse des travailleurs et des capitalistes, comme le seraient, n'en doutons point, par les uns et par les autres, toutes celles qui tendraient à repousser les améliorations.

L'Assemblée nationale qui doit être, quoi qu'en disent les partis, l'expression exacte des sentiments du pays, puisqu'elle est le résultat du suffrage universel, a prouvé qu'elle avait à cœur la solution de la question sociale en rendant le décret du 25 mai. Le pouvoir exécutif a corroboré le décret en avouant que l'épée était impuissante contre les idées et en demandant à l'Académie des sciences morales et politiques le contingent de ses lumières sur cette importante question. En décrétant ces deux mesures, l'Assemblée et le Pouvoir exécutif ont fait acte de socialisme peut-être plus qu'ils ne le pensaient. Ils ont, en effet, déclaré par-là que la question sociale était une question urgente qu'on ne pouvait plus désormais laisser exclusivement dans la sphère des discussions philosophiques et qui était digne de la sollicitude de l'État. Ce fait a une portée immense et sera l'honneur éternel de l'Assemblée. Dans l'antiquité, les assemblées républicaines de Sparte et d'Athènes ne s'inquiétèrent jamais du sort des ilotes ; à Rome, ce sénat, que Cynéas appelait l'assemblée des sages, n'eut jamais une parole d'espérance et de pitié pour les millions d'esclaves qui peuplaient la République ; dans le moyen âge, les conciles de la chrétienté, quoique leur maître, le plus grand des socialistes, eût versé son sang pour la fraternité, ne réclamèrent jamais sérieusement l'affranchissement des serfs ; il était réservé à nos assemblées révolutionnaires de 89, 92 et 48, de se placer au-dessus de toutes les assemblées du monde, en proclamant en face de l'humanité tout entière l'égalité et la fraternité parmi les hommes. Les deux premières de nos assemblées révolutionnaires avaient trop à détruire pour avoir le temps de tout édifier. D'ailleurs, il ne s'agissait alors que d'une constitution politique, le commerçant et le travailleur faisaient cause commune, et l'on ne connaissait encore qu'imparfaitement l'inégalité qui existe entre le producteur et le capitaliste. Il a fallu soixante ans de luttes au milieu desquelles le génie industriel a acquis un immense développement, pour poser nettement et dans toute sa nudité la grande question de l'humanité, celle qui doit être la dernière.

Les esprits ardents, qui veulent toujours devancer le temps lui-même dans la solution de ses problèmes, ont écrit des milliers de livres sur les misères des travailleurs; tous ont proposé des mesures, presque point ont offert un système ; tous se sont récriés à juste titre contre les gouvernements aveuglés qui méconnaissaient la gravité de la situation.

Aujourd'hui que l'Assemblée et le Pouvoir ont touché la question, ces hommes généreux doivent se faire un devoir d'attendre patiemment les résultats des enquêtes ; ils seraient mal venus à prétendre que la cause est suffisamment instruite et qu'elle doit être jugée sur les documents fournis par les écrivains. Avant 89 il avait été écrit, contre les priviléges de la féodalité nobiliaire et cléricale, beaucoup plus de livres qu'il n'en a paru depuis 50 ans contre la féodalité financière et les priviléges du capital. Un grand nombre d'hommes supérieurs, philosophes, historiens, poètes avaient sapé par le raisonnement et le ridicule, le vieil édifice social jusque dans ses fondements, et cependant lorsqu'on convoqua les États-généraux, il fut ordonné que le tiers-état exposerait ses doléances dans des cahiers que les représentants produiraient à l'Assemblée. On avait pensé avec raison que personne n'était mieux instruit des besoins du pays que le pays lui-même. Aujourd'hui les procès-verbaux d'enquête doivent servir de cahiers à l'Assemblée ; ils seront l'expression exacte des besoins du travailleur ; ils signaleront l'oppression du capital sur le travail ; ils mettront sous les yeux de nos représentants la misère, les souffrances, la servitude des uns, l'opulence et l'orgueil des autres. Ils montreront dans leur hideuse nudité l'exploitation et l'usure absorbant les sueurs du prolétaire, dévorant le pain de l'enfant et du vieillard, prostituant l'honneur, la virginité et tout ce qu'il y a de noble et de généreux dans la nature humaine. Les cahiers de 89 parlaient des vexations et de l'insolence des seigneurs du château, les procès-verbaux de 48 signaleront l'avarice, la convoitise, la froide barbarie des seigneurs de la finance ; les justes plaintes des producteurs seront consignées, on verra l'ouvrier et le cultivateur usant leurs membres au travail n'avoir dans leur vieillesse d'autre asile que l'hospice, d'autre ressource que la charité publique, tandis que le capitaliste, par la seule puissance de son or, sans travail et sans intelligence, augmente chaque jour sa fortune. L'Assemblée nationale a reconnu elle-même cet état de misère et de sujétion dans lequel se trouve le producteur, en votant successivement plusieurs crédits pour le soulagement des classes laborieuses ; c'est à vous maintenant, hommes de l'enquête du travail, à nous faire connaître les causes de cette misère et à indiquer les remèdes les plus efficaces, suivant les besoins et les ressources de chaque localité. L'Assemblée a fait pour le moment tout ce qui était digne d'une grande assemblée surgie tout à coup d'une commotion populaire ; elle a voulu connaître les causes du mal en faisant appel à tous les citoyens de la République ; aussi humaine que sage, elle a voté et elle votera des millions en attendant que le pays ait parlé. Que pouvait-elle faire de plus ? Je le demande à tout homme sensé et aux socialistes eux-mêmes ; devait-elle juger le socialisme uniquement sur la foi de quelques esprits généreux , sur les documents fournis par les écrivains depuis un demi-siècle , sur des livres écrits presque toujours avec plus d'entraînement et de chaleur que de justice et de vérité. La France est-elle donc tout entière dans les grands ateliers et n'y a-t-il pas à côté de l'ouvrier de la fabrique , l'ouvrier de la petite industrie ? n'y a-t-il pas depuis Bayonne jusqu'à Calais l'ouvrier du sol dont la condition précaire est digne aussi de la sollicitude de l'État ? Ah ! si les écrivains sensibles dont le cœur a saigné à la vue des misères de l'ouvrier de l'atelier voyaient comme nous les misères de l'ouvrier du sol ; s'ils pénétraient une fois sous le chaume de ces malheureux où sont gisant pêle-mêle sur un sale grabat femmes, enfants, vieillards ; s'ils voyaient les haillons dont ils sont couverts, le pain dont ils se nourrissent ; s'ils savaient que c'est surtout dans ces lieux de misère que l'usure vient chercher sa proie et que les concussions des officiers ministériels s'exercent avec le plus de rigueur ; ah ! sans doute, ils partageraient leur cœur et gémiraient plus souvent sur cette classe de travailleurs, la plus nombreuse, la plus morale et la plus utile de toutes.

On a dit bien souvent que l'ouvrier de l'atelier était plus malheureux parce qu'il n'avait pas l'instrument de son travail et qu'il était à la merci du maître , mais l'ouvrier et le détenteur du sol ne sont-ils pas à la merci du prêteur ; la petite propriété , la propriété de ceux qui ne sont pas tout à la fois détenteurs du sol et du numéraire , n'est-elle pas presque toute grevée et ne voit-on pas tous les jours dans les départements, comme le nôtre, des familles entières abandonner le patrimoine de leur père exproprié au nom du capital ? Qu'on examine l'origine des fortunes dans les pays agricoles et on verra si elles ne procèdent pas toutes de l'exploitation du sol par le capi tal. Il est reconnu et on dit vulgairement dans notre pays que le détenteur du sol qui ne doit rien est heureux, mais on ne dit pas qu'il puisse malgré ses privations économiser quelques écus ; il est obligé pour établir ses enfants, de morceler son héritage, c'est-à-dire de commencer sa ruine. Si le détenteur du sol qui ne doit rien ne peut vivre qu'au jour le jour, comment vivra celui dont l'héritage est grevé ; malgré ses pénibles travaux, il verra chaque jour son patrimoine passer insensiblement avec le travail de toute sa vie, dans les mains du détenteur du numéraire ; aussi dit-on généralement qu'un propriétaire dont l'héritage vaut 100,000 francs est ruiné s'il doit seulement 30,000 francs. 30,000 francs capital-argent valent donc plus que 100,000 francs capital-sol et le travail de toute une famille. D'où vient cette différence? C'est que le sol supporte depuis longtemps toutes les charges ; c'est qu'on lui a toujours demandé sans jamais lui donner rien, c'est qu'il nourrit les usuriers, les huissiers, les procureurs et les notaires, véritables sauterelles d'Egypte ; c'est qu'il paie tous les employés et fonctionnaires, tout à l'heure plus nombreux que les étoiles du ciel; c'est qu'enfin lui tout seul, soit directement, soit indirectement, contribue à tous les besoins de l'Etat, tandis que le détenteur du capital-argent n'apparaît dans le monde social que pour recevoir sans jamais rien payer.

Est-il surprenant que, nourrissant et payant tant de monde, le détenteur du sol ne puisse fournir l'intérêt de sa dette au 5 pour cent? Le 5 pour cent! mais c'est une illusion de croire que le numéraire ne se paie qu'à ce taux dans les pays agricoles : les frais accessoires de notaire et d'enregistrement l'élèvent à 7 fr. 50 pour cent. Le créancier hypothécaire se conforme à la loi ; en revanche il est d'une exactitude impitoyable, de sorte que, ne pouvant servir l'intérêt au jour marqué, le détenteur du sol est poursuivi pour le remboursement du capital. C'est alors qu'il est obligé d'aller frapper à la porte de la banque et d'entrer dans l'antre de l'usure. Une fois engagé dans cette voie, il est perdu sans ressource : les frais judiciaires achèvent bientôt ce que la fénération a commencé. Ce ne sont pas seulement les détenteurs du sol qui souffrent d'un tel état de choses : à côté d'eux, il y a des millions de prolétaires arrosant la terre de leurs sueurs, et sur lesquels les charges dont la propriété est grevée retombent inévitablement. La journée de l'ouvrier du sol, dans la commune de Gap, ne dépasse pas en moyenne 1 fr. 40 c. Il y a dans l'année tout au plus 280 jours de travail ; ce qui fait, pour le travailleur actif et laborieux, une somme de 392 fr. à consommer dans l'année, soit 1 fr. 08 c. par jour. Le journalier des communes rurales est dans une position encore plus précaire : il n'a pas 90 c. à consommer. On ne m'accusera certainement pas d'être resté au-dessous de la vérité : j'ai plutôt exagéré. Avec cette modique somme, l'ouvrier du sol, qui est celui à qui Dieu envoie le plus d'enfants, est obligé de se procurer, pour lui et sa famille, outils, logement, nourriture, chauffage ; il est obligé de subvenir aux frais imprévus de maladie. Or notre département a suivi la pente générale ; les objets de consommation ont considérablement augmenté de valeur. Sous la pression du capital, le pain, les légumes, la viande, le vin, les loyers, sont aujourd'hui deux fois, trois fois plus chers qu'autrefois. Le prix de la journée du travailleur est loin d'avoir suivi cette proportion. Et qu'on ne s'en prenne pas aux détenteurs des fonds de terre : ils ne peuvent payer un sou de plus. S'ils vendent leurs denrées à un prix plus élevé qu'autrefois, cette différence ne peut profiler au travailleur, car elle est absorbée à l'avance par les charges qui grèvent la propriété et par la cherté du numéraire. Qu'on ne s'en prenne pas surtout à notre jeune république : le mal qui existe lui a été légué par les rois, les banquiers et les concussionnaires, elle seule pourra l'extirper.

Les ouvriers de toutes les industries reçoivent, comme le

prolétaire du sol, le contre-coup de la faveur attachée au capital-argent, au détriment du capital-sol. Le premier valant légalement 5 et 6, tandis que le second ne vaut pas 1, les détenteurs de celui-ci ne peuvent jamais se procurer les produits de l'industrie, d'où il résulte que toute la population agricole, c'est-à-dire plus de la moitié des citoyens français, est, à l'égard des ouvriers de l'industrie, comme si elle n'existait pas. Qu'on visite la France entière, de Bayonne à Calais, de Nantes à Strasbourg, on se convaincra que tous les produits des grands ateliers et des manufactures n'ont point encore pénétré dans la demeure de l'agriculteur. Il est resté dans sa simplicité primitive, bienheureux de conserver un morceau de pain, tandis qu'à côté de lui il a vu les détenteurs du capital-argent se procurer toutes les commodités et tous les plaisirs de la vie.

L'industrie se plaint de ne pouvoir écouler ses produits et donner du travail à ses nombreux ouvriers ; elle s'évertue à chercher des débouchés au dehors, tandis qu'il y a en France vingt millions d'individus qui ne lui ont encore rien acheté et qui seront consommateurs du jour au lendemain si la république les délivre de la tyrannie du capital-argent. Après qu'on eut morcelé la grande propriété, en 1789, l'activité humaine prit un tel essor, que l'industrie nationale fut tout-à-coup cent fois plus riche ; au lieu de trois ou quatre cent mille consommateurs il y en eut des millions ; que le capital-argent soit aujourd'hui dans les mêmes conditions que le capital-sol et tout-à-coup l'industrie n'aura plus assez de produits, assez de bras, assez de machines pour suffire à tous les consommateurs. Heureux pays que celui qui a encore dans son sein vingt millions d'êtres à qui il peut vendre ses produits industriels ! Que parle-t-on de crise industrielle et financière, lorsqu'il est facile d'avoir demain plus d'acheteurs qu'on n'en a jamais vu. Organisez le crédit agricole, établissez dans tous les départements des banques où le détenteur du sol pourra trouver du numéraire ou toute autre valeur échangeable à un taux égal au produit net de la terre, prélèvement fait du travail et des charges de l'Etat, et bientôt la prospérité renaîtra et les produits de l'industrie trouveront place jusque dans le fond de nos montagnes.

Le principe sur lequel je fais reposer l'institution des banques agricoles est essentiellement juste, et je défie qui que ce soit d'en démontrer la fausseté. Voilà un capital-sol de cent mille francs, en présence d'un capital-argent de cent mille francs, le détenteur du capital-sol, après avoir acquitté toutes les charges imposées par l'Etat, après avoir prélevé le produit de son travail, a pour reliquat mille francs. Je dis que le détenteur du capital-argent, qui ne fait rien et qui n'est soumis à aucune charge, ne doit pas retirer plus de mille francs d'intérêt. Et pourquoi en serait-il autrement? En vertu de quel principe de justice et de moralité le détenteur du sol, qui travaille et qui est à ce titre un bon citoyen, un homme utile à la patrie, serait-il dans des conditions moins favorables que le détenteur du capital-argent, qui ne produit rien ? Le capital-sol et le capital-argent sont aussi sacrés que le travail, dont ils sont les fils; mais dans une famille il ne doit point y avoir de droit d'aînesse ; le frère ne doit point exploiter le frère, et s'il y avait une préférence à donner, il serait plus moral, plus politique de faire pencher la balance du côté du capital-sol, car celui-là n'est point cosmopolite, celui-là c'est la patrie tout entière. Le jour où les deux capitaux seront placés dans les mêmes conditions, il n'y aura plus de crise, plus de commotions; il ne dépendra plus de quelques milliers d'individus de produire la famine dans le plus beau pays du monde et d'entraver les progrès de l'humanité ; ce jour-là la constitution de la société sera définitive.

La question de l'organisation du crédit industriel n'intéresse pas notre département autant que celle du crédit agricole; toutefois, cette importante matière est digne aussi de votre sollicitude, citoyens membres. Il y a chez nous comme partout beaucoup d'ouvriers et de petits marchands, actifs, honnêtes, intelligents, qui, faute de capital, ne peuvent se soustraire à l'exploitation des patrons et des banquiers. La banque agricole pourrait les autoriser, suivant les circonstances, à lui faire une demande de fonds; la moralité, l'exactitude reconnues des impétrants, motiveraient la remise des fonds.

Quant aux rapports entre ouvriers et maîtres, ils ont toujours été, dans le département des Hautes-Alpes, comme partout ailleurs, réglés par l'arbitraire. Il est juste de dire que cet arbitraire n'a jamais produit chez nous le moindre désordre. Il a toujours existé entre l'ouvrier et le chef d'atelier une entente cordiale qui les honore les uns et les autres. Ils sont tellement frappés par la misère des détenteurs du sol, que le prix de main-d'œuvre est resté stationnaire ou à quelque chose près. Les agriculteurs sont si pauvres qu'ils consomment le moins possible les produits ouvrés et sont souvent dans l'impuissance de payer ceux dont ils ne peuvent se passer. D'un autre côté, les détenteurs du capital trouvent avantage à placer leurs capitaux sur hypothèque et ne demandent à l'industrie des ouvriers que les objets nécessaires à la vie. Si le détenteur du sol parvenait à s'affranchir, immédiatement on verrait surgir une foule de consommateurs qui, au lieu de se ruiner en frais judiciaires et en intérêts usuraires feraient construire des habitations convenables, achèteraient des meubles et tous les objets nécessaires au bonheur de la vie. L'industrie grandirait, la journée de l'ouvrier doublerait, il est vrai que celles de l'avoué et du banquier diminueraient et que ces messieurs ne feraient pas dans le pays le plus pauvre de la république des fortunes vraiment scandaleuses. Réfléchissez bien à ceci, citoyens membres : si les deux ou trois millions de francs qui, dans ces derniers temps, ont enrichi une dixaine d'avoués, huissiers et banquiers, avaient été employés, par les malheureux détenteurs du sol, au bien-être de la vie et de la famille, ils ne seraient pas ruinés et plus de trois cents familles de travailleurs se seraient enrichies. La misère des détenteurs du sol, qui est une barrière contre le développement industriel dans notre département, sert merveilleusement les détenteurs du capital cosmopolite qui viennent prendre dans notre pays pour les faire ouvrer dans les grands centres, laines bois et autres produits. Tout porte ses fruits dans la grande Babel industrielle, tout se lie et s'enchaîne, et le privilége du numéraire, véritable vampire à deux têtes, suçant à la fois le sang de l'ouvrier et celui du sol, engraisse le manufacturier des sueurs de l'ouvrier du sol et le marchand des sueurs de l'ouvrier de l'atelier. Il y a tel fabricant à Vienne qui a gagné un million sur la misère des montagnards des Alpes, il y a tel marchand de rouennerie à Gap qui le gagnera sur la misère des ouvriers de l'atelier.

On a vu dans notre département très peu de chefs d'atelier arriver à une honnête aisance, on en a vu beaucoup revenir à leur première condition après s'être établis. Sur cent à peine s'il y en a un qui réussisse, il faut que des circonstances exceptionnelles lui viennent en aide, il faut qu'il ait quelques avances, et qu'il travaille nuit et jour pour lutter contre les gros capitaux. Examinez les sources de la richesse des trois ou quatre négociants qni ont prospéré dans la ville de Gap, vous les trouverez dans la misère des ouvriers des grands centres industriels. Or, pour profiter de cette misère il faut être capitaliste.

Toutefois, on devra examiner si la somme prélevée par le chef d'atelier sur la journée de l'ouvrier ne doit pas être réduite et si le prix des objets confectionnés à la tâche ne constitue pas au profit du maître un bénéfice dont il serait juste de faire profiter l'ouvrier. Je crois que la commission n'aura rien ou presque rien à changer sur ce point ; car, si je considère tous les chefs d'ateliers qui n'ont jamais vendu que les objets fabriqués chez eux et qui ne peuvent pas spéculer avec leurs capitaux, je n'en trouve pas un seul qui se soit enrichi ; les ouvriers en conviendront eux-mêmes.

Les améliorations matérielles qu'on peut apporter dans le sort des travailleurs ne sont pas les seules qui doivent préoccuper votre attention. Le droit de vivre est certainement un droit sacré, mais le droit d'être considéré comme un honnête homme, comme un homme d'honneur, est certainement plus précieux encore au travailleur français. Or, ce droit lui est dénié par l'article 1781 du Code civil. Lisez ce qui est écrit dans cet article :

Le maître est cru sur son affirmation pour la quotité des gages, pour le paiement du salaire de l'année échue et pour les à comptes donnés pour l'année courante.

Et l'ouvrier, lui, n'est-il donc pas digne de foi ? Serait-ce par hasard à cause des bénéfices que le maître fait sur son travail, qu'il est seul digne d'être cru ? Le capital a-t-il donc plus de moralité que le travail ? Cet article consacre une injustice criante, une immoralité flagrante ; il met quinze millions de travailleurs en état de suspicion ; il favorise la convoitise et la mauvaise foi des maîtres. On pouvait conserver cet article sous la monarchie, alors que le travailleur ne jouissait d'aucun droit politique, mais aujourd'hui il est un anachronisme.

Vous demanderez l'abrogation immédiate de cet article, citoyens membres, car vous savez, vous tous qui avez été ouvriers avant d'être maîtres, qu'il n'est pas plus rare de trouver un homme d'honneur sous la blouse de l'ouvrier que sous

l'habit du ca pitaliste, et que ceux qui sont toujours prêts
à verser leur sang pour la liberté et la gloire de la patrie,
sont, eux aussi, dignes d'être crus sur leur affirmation.

Salut et fraternité,

Prosper CLÉMENT,

Étudiant en droit, rue Saint-Jacques, 224.

www.ingramcontent.com/pod-product-compliance
Lightning Source LLC
Chambersburg PA
CBHW051457060726
47596CB00006B/2810